MIX
Papier aus verantwortungsvollen Quellen
FSC® C013123
www.fsc.org

5 4 3 2 1 20 19 18 17 16
978-3-88117-992-8

Cover und Layout: Nieschlag + Wentrup, Münster
Text und Rezepte: Agnes Prus
Illustrationen: Kristina Ballerstaedt, Nieschlag + Wentrup
Redaktion: Lisa Frischemeier
Satz: Tina Agard Grafik & Buchdesign, Stuttgart

www.hoelker-verlag.de

Inhalt

Es gibt Reis, Baby!

Seit Tausenden von Jahren kennen und schätzen die Menschen Reis, und auch heute ist das Getreide für mehr als die Hälfte der Weltbevölkerung das Grundnahrungsmittel. Statt mit „Wie geht es dir?" begrüßt man sich in Thailand, China und Bangladesch mit dem Satz: „Hast du heute Reis gegessen?" Und zu Neujahr wünscht man einander: „Möge dein Reis nie anbrennen." Eine Schale Reis umzustoßen, verheißt Pech. In vielen asiatischen Ländern betonen Traditionen, Feste und Rituale die existenzielle Bedeutung des Reises, und in einigen Sprachen ist der Begriff für „Reis essen" identisch mit dem Wort „essen".

Während in zahlreichen Gebieten der Welt Reis der Mittelpunkt der Mahlzeit und alles andere lediglich die Soße ist, spielt er in unseren Breiten häufig die Rolle des Begleiters. Dieser Unterschied wird besonders deutlich, wenn man den jährlichen Reiskonsum der asiatischen Bevölkerung von rund 150 kg pro Person mit den hierzulande üblichen 1,8 kg vergleicht.

Dennoch ist Reis auch aus unseren Küchen kaum wegzudenken. Ob als Risotto oder Milchreis, als Beilage oder in der Hauptrolle, herzhaft oder süß, die Körnchen finden bei fast allen Köchen und Genießern Anklang (von der Low-Carb-Gemeinde einmal abgesehen). Reis ist zwar keine Nährstoffbombe (er enthält kleine Mengen an Mineralstoffen, darunter Kalium, Eisen, Phosphor und einige Vitamine, z. B. B1, B2, B6 und Niacin), gilt dafür aber als ein allergenfreies, salz- und fettarmes Lebensmittel, das sich durch seinen milden Charakter hervorragend mit nahezu allen Aromen kombinieren lässt.

Anbau und Verarbeitung

Mit dem Anbau von Reis begannen die Chinesen vermutlich um 4000 v. Chr., doch erst ca. 800 v. Chr. hatte das Getreide einen festen Platz in den Küchen. Und erst etliche Zeit später, im 16. Jahrhundert, wurde der Reis von spanischen und portugiesischen Seefahrern in Europa und Amerika eingeführt. Heute wird Reis auf der ganzen Welt angebaut, z. B. im Süden der USA, in Brasilien, Ägypten, Spanien und Italien, hauptsächlich aber in Südostasien.

Die ersten Schritte der Verarbeitung sind bei allen Sorten ähnlich: Der Reis wird geerntet und anschließend gedroschen. Dabei wird die ungenießbare Hülse (Spelze) entfernt, Keimling und Samenschale, auch das Silberhäutchen genannt, sind noch vorhanden. Reis in diesem Stadium kommt als **Natur-, Vollkorn- oder brauner Reis** in den Handel. Er ist ungeschält, hat einen nussigen Geschmack und einen knackigen Biss.

Durch das Abschleifen von Silberhäutchen und Keim entsteht **weißer Reis.** (Der Begriff „poliert" wurde früher benutzt und bezog sich auf ein Verfahren, bei dem der Reis mit Glyzerin behandelt wird. Diese Methode wird mittlerweile kaum noch angewandt.) Weißer Langkornreis ist die am häufigsten erhältliche Reissorte. Bezogen auf die Nährstoffe ist er allerdings eine Nullnummer, denn die meisten Mineralstoffe, Vitamine, Ballaststoffe und Proteine sind direkt unter dem Silberhäutchen und im Keimling enthalten. Nach dem Entfernen dieser Randschichten bleiben im Grunde nur noch Kohlenhydrate übrig.

Eine weitere in Indien entwickelte Verarbeitungsmethode ist das **Parboiling.** Dabei wird Naturreis mit Dampf und Hochdruck behandelt. Auf diese Weise wird die Lagerfähigkeit des Reises erhöht, außerdem wird der größte Teil der wertvollen Nährstoffe in das Innere des Korns gepresst – so bleiben sie auch während des Schleifens weitgehend erhalten. Die Körner haben eine leicht gelbliche Farbe, die beim Garen allerdings verblasst. Entgegen der landläufigen Meinung gart Parboiled-Reis übrigens etwas länger als weißer Reis.

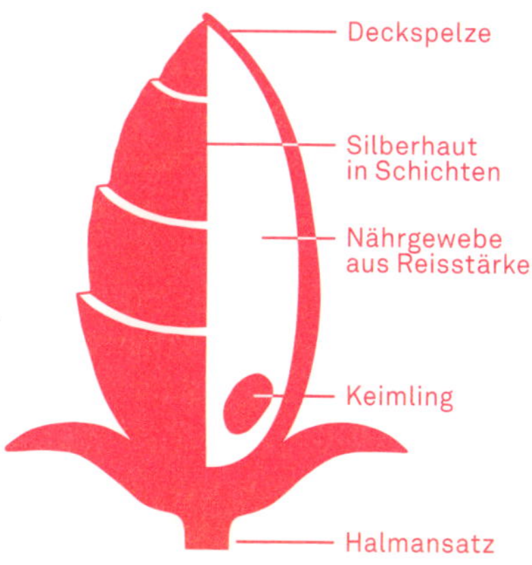

Who's who – Die gängigsten Reissorten

Weltweit gibt es etwa 100.000 Reissorten, die man grob in drei Gruppen einteilen kann.

Langkornreis ist 3 – 4-mal länger, als er rund ist. Er kocht trocken-körnig und ist ein beliebter Allzweckreis.

Basmatireis gilt für viele als König des Reises. Die indische Reissorte aus dem Himalaya entwickelt beim Kochen einen zarten Duft – das Hindi-Wort „basmati" bedeutet „der Duftende". Er eignet sich hervorragend für Pilaws, Currygerichte und Biryani. Brauner Basmatireis ähnelt geschmacklich dem weißen, hat aber eine festere Konsistenz und eine längere Garzeit.
Thai-, Duft- oder Jasminreis hat ein zartes, blumiges Aroma und stammt aus Thailand. Da er in seinem Herkunftsland als Symbol der Reinheit gilt, wird er ohne Salz und Gewürze gekocht und als separate Beilage gereicht. Gekocht sind die Körner leicht klebrig.
Klebreis, auch Sticky Rice genannt, wird beim Garen klebrig und lässt sich dadurch gut formen. Man verwendet ihn besonders gern in der asiatischen Küche, z. B. für Süßspeisen und Sushi.

Mittelkornreis ist etwa doppelt so lang wie breit. Die Körner nehmen Flüssigkeit gut auf und geben unter Rühren Stärke ab. Beim Garen werden sie daher außen cremig, während sie innen noch bissfest bleiben.

Paella-Reis bezeichnet mehrere Sorten, die gerne für das spanische Leibgericht verwendet werden, wie z. B. Calasparra, Bahia oder La Bomba. Die Reiskörner sind mitteldick und bekommen beim Garen eine leicht klebrige Konsistenz.
Roter Camargue-Reis hat eine äußere rotbraune Schicht, das Innere ist weiß. Sein erdiger Geschmack und sein fester Biss passen gut zu herzhaften Speisen.
Schwarzer Venere-Reis ist ein besonders edler Vollkornreis aus dem Piemont und hat einen nussigen, fast süßlichen Geschmack. Er eignet sich prima für Salate.

Rundkornreis hat, wie der Name schon sagt, eine rundliche Form. Er gibt beim Kochen viel Stärke ab und eignet sich z. B. für Milchreis.

Koshihikari-Reis ist eine traditionelle japanische Reissorte, die häufig mit Klebreis verwechselt wird und sich hervorragend für alle Sushigerichte eignet. **Risottoreis** bezeichnet Sorten mit relativ langen rundlichen Körnern und hohem Stärkegehalt, wie z. B. Arborio und Vialone Nano (der einen niedrigeren Stärkegehalt hat als Arborio, der Kern bleibt bissfester). Carnaroli, eine Kreuzung aus Vialone Nano und japanischem Reis, gilt als die beste Sorte für das italienische Reisgericht.

Wildreis ist keine Reissorte, sondern der Samen eines wilden Sumpfgrases und stammt aus Kanada. Er ist sehr nährstoffreich und enthält mehr Eiweiß als normaler Reis.

Kleines Körnchen, viele Gesichter – Reisprodukte im Überblick

Reiskleie besteht aus dem Silberhäutchen und einem kleinen Anteil des Keimlings; sie hat einen hohen Ballaststoffgehalt.

Reisflocken bestehen aus getrocknetem und gepresstem Parboiled-Reis. Sie müssen gegart werden und eignen sich für Reisbrei.

Gemahlener Reis ist eine gröbere Form des Reismehls und wird aus leicht gerösteten Körnern hergestellt.

Reismehl aus Naturreis (braunes Reismehl) oder poliertem Reis (weißes Reismehl) eignet sich zum Andicken, zum Backen und wird zur Herstellung von Reisnudeln verwendet.

Reismilch, aus Vollkornreis produziert, ist von Natur aus relativ süß und aus der veganen und laktosefreien Küche nicht mehr wegzudenken.

Puffreis bezeichnet unter Druck und mit Dampf erhitzte Reiskörner. Im Handel findet man ihn meist zu Reiswaffeln gepresst.

Reiswein umfasst eine Vielzahl alkoholischer Getränke. Die bekanntesten sind wohl Sake und Mirin. Während erstgenannter gerne pur getrunken wird, findet der süßere Mirin vor allem als Würzmittel in der asiatischen Küche Verwendung.

Reisessig wird aus Reiswein hergestellt, er kann weiß, gelb, rot oder sogar schwarz sein. Weißer Reisessig ist im Geschmack recht mild und eignet sich gut für süßsaure Speisen, zum Marinieren und zum Würzen von Sushi-Reis. Roter Reisessig ist der pikanteste unter ihnen und wird für scharfe Dips verwendet. Schwarzer Reisessig passt gut zu asiatischen Suppen und Dips.

Reisöl eignet sich zum Verfeinern von rohen oder gegarten Speisen, wie z. B. für Salate oder Risotto.

Reispapier findet seinen Einsatz vor allem bei der Zubereitung von Sommerrollen. Die hauchdünnen Blätter werden getrocknet verkauft und können rund oder dreieckig sein. Taucht man sie kurz in Wasser, werden sie formbar und kleben leicht aneinander.

Bandnudeln aus Reis sind in verschiedenen Breiten erhältlich. Sie sind eine gute Suppeneinlage und passen zu Kurzgebratenem.

Fadennudeln aus Reis (Vermicelli) sind ganz dünn und in der südostasiatischen Küche sehr beliebt. Sie sehen Glasnudeln zum Verwechseln ähnlich, die aber aus Mungobohnenstärke hergestellt werden.

Aufbewahrung

Am besten lagert man Reis trocken und luftdicht verschlossen; das verhindert, dass er allzu schnell ranzig wird. An einem kühlen, dunklen Ort hält er sich so bis zu drei Jahre. Naturreissorten halten sich durch die in ihnen enthaltenen Fette nicht ganz so lange wie weißer Reis.

Gegarten Reis kann man in einem verschlossenen Behälter bis zu 24 Stunden im Kühlschrank aufbewahren. Zum Erwärmen nutzt man einen Dämpfeinsatz oder man brät ihn an – das gelingt mit gekühltem Reis vom Vortag sowieso am besten, frisch gekochter Reis wird beim Braten schnell ölig und matschig. Man kann Reis auch einfrieren, sollte ihn aber nach dem Auftauen einmal vollständig erhitzen.

Garmethoden

Je nach Reissorte variieren Garmethoden und Garzeit, und auch die Art des Gerichtes entscheidet häufig über die nötige Zubereitungszeit. Dennoch lassen sich zwei Arten der Zubereitung herausheben: die Wassermethode und die Quellmethode. Des Weiteren kann man Reis dämpfen oder im Ofen garen, hierfür muss der Reis jedoch vorab kurz gekocht werden.

Wassermethode

Diese Art des Garens eignet sich für die meisten Reissorten, allerdings nicht für Thai-Reis. Hierbei wird der Reis in reichlich kochendes Salzwasser gegeben, aufgekocht und bei niedriger Hitze bissfest gegart. Anschließend gießt man ihn ab, gibt ihn in den Topf zurück und lässt ihn zugedeckt 5 Min. ruhen. Zum Schluss lockert man ihn mit einer Gabel auf und fügt nach Belieben Butter oder Öl zu.

Quellmethode

Mit dieser Methode gelingen Basmati-, Thai-, Rundkorn- und Klebreis, aber auch bei Langkornreis ist diese Zubereitungsart zu empfehlen. Hierfür wird der Reis nur mit der Menge an kaltem Wasser in einen Topf gegeben, die der Reis aufnehmen muss, um gar zu werden. Je nach Reissorte variiert allerdings das Verhältnis von Wasser zu Reis. Für 200 g Langkornreis benötigt man ca. 400 ml Wasser, für Basmatireis etwas weniger. Man bringt das Wasser bei mittlerer Hitze zum Kochen, schaltet die Temperatur auf die niedrigste Stufe herunter und lässt den Reis zugedeckt ca. 12 Min. köcheln, bis die Flüssigkeit fast aufgesogen ist. Dann schaltet man den Herd aus und lässt den Reis noch 5 – 10 Min. quellen. Manche Köche legen dafür zwischen Topf und Deckel ein Geschirrtuch, damit das Kondenswasser nicht zurück in den Reis tropft.

Für braune Reissorten empfiehlt sich das vorherige Einweichen von ca. 12 Stunden. Es lässt den Reis erheblich schneller gar werden und erhöht seinen gesundheitlichen Wert. Die Randschichten der Körner enthalten Phytinsäure. Dieser sekundäre Pflanzenstoff bindet die wichtigen Nährstoffe, sodass der Körper davon nicht optimal profitieren kann. Das Einweichen und Abspülen des Reises reduziert den Anteil von Phytinsäure.

Rezepte

Basmatireis
und seine Freunde

FÜR 4 PORTIONEN

200 g Basmatireis
Den Reis waschen und abtropfen lassen. In einen Topf geben, mit Wasser bedecken und mind. 30 Min. einweichen. Abgießen, abspülen und gut abtropfen lassen.

Für **Orangen-Gewürz-Reis** 2 gewürfelte Schalotten in 2 EL Butter andünsten. Den Reis zugeben und 3 Min. glasig dünsten. 1 Stück gehackten Ingwer (3 cm), 2 Lorbeerblätter, 2 Sternanise, 1 Zimtstange, Abrieb und Saft von 1 Bio-Orange sowie 300 ml Wasser zugeben, salzen. Alles aufkochen, die Temperatur reduzieren und den Reis abgedeckt in ca. 16 Min. garen. Vom Herd nehmen und 10 Min. ziehen lassen. Mit einer Gabel auflockern, Sternanise, Zimt und Lorbeer entfernen.

Passt zu indischem Curry.

Für **Kräuter-Reis** 4 in Ringe geschnittene Frühlingszwiebeln in 1 EL Butter andünsten. Den Reis unterrühren und 3 Min. mitdünsten. 400 ml Wasser und je 100 g gehackten Dill, glatte Petersilie und Koriander sowie 1 TL Salz zugeben. Aufkochen, die Temperatur reduzieren und den Reis abgedeckt ca. in 16 Min. garen. Vom Herd nehmen und 10 Min. quellen lassen. 1 EL Butter unterrühren.

Passt zu Fisch und zu persischen Köstlichkeiten.

Für **Koriander-Limetten-Reis** 1 gewürfelte Schalotte in 2 EL Kokosöl andünsten. Den Reis zugeben, salzen und 3 Min. glasig dünsten. 400 ml Wasser zugießen und aufkochen. Die Temperatur reduzieren und den Reis abgedeckt in ca. 16 Min. garen. Vom Herd nehmen und 10 Min. ziehen lassen. Abrieb und Saft von 1 Bio-Limette sowie 1 Bd. fein gehackten Koriander unterheben.

Passt zu mexikanischem Essen.

Für **Kokosreis** den Reis zusammen mit 200 ml Kokosmilch, 200 ml Wasser, 1 Prise gemahlenem Koriander, ½ Zimtstange, 1 Lorbeerblatt und 1 Prise Salz unter ständigem Rühren aufkochen. Bei niedriger Hitze zugedeckt in ca. 16 Min. garen. 3 in Ringe geschnittene Schalotten in 3 EL Ghee goldbraun braten. Den Reis vom Herd nehmen und 10 Min. quellen lassen. Die Zimtstange und das Lorbeerblatt entfernen. Den Reis mit Röstzwiebeln garnieren.

Passt zu indonesischen Speisen.

Für **Safranreis** 1 Prise Safranfäden in 1 EL heißem Wasser einweichen. 2 EL Butter in einem Topf zerlassen. 50 g Mandelstifte und 50 g gehackte Datteln darin anrösten. Den Reis zugeben und 1 Min. mitdünsten. 400 ml Wasser zugießen, ordentlich salzen und aufkochen. Safran zugeben, die Temperatur reduzieren und den Reis abgedeckt in ca. 16 Min. garen. Vom Herd nehmen und 10 Min. quellen lassen. Mit einer Gabel auflockern und nach Belieben mit zerlassener Butter beträufeln.

Passt zu marokkanischem und orientalischem Essen.

Italienische Spinatsuppe
mit Reis

FÜR 4 PORTIONEN

700 g Babyspinat
Salz
1 Prise frisch geriebene Muskatnuss
3 EL Olivenöl
2 Schalotten, fein gehackt
3 Knoblauchzehen, fein gehackt
1 rote Chilischote, entkernt, in Streifen
230 g Risottoreis
1¼ l Gemüsebrühe
2 EL Saft und Abrieb von 1 Bio-Zitrone
frisch gemahlener schwarzer Pfeffer
60 g Parmesan, frisch gehobelt

Einen großen Topf erhitzen. Den Spinat gründlich waschen, leicht abtropfen lassen und in den Topf geben. Mit Salz und Muskatnuss würzen und unter Rühren zusammenfallen lassen. Den Spinat herausnehmen und fein hacken, die Kochflüssigkeit aufheben.

Das Öl im Topf erhitzen, Schalotten und Knoblauch unter Rühren darin glasig dünsten. Chili 1 Min. mitgaren. Den Reis gründlich untermischen und erhitzen. Mit der zurückbehaltenen Kochflüssigkeit, Brühe und Zitronensaft ablöschen. Zitronenabrieb einrühren und alles zum Kochen bringen. Bei niedriger Temperatur in 10 Min. garen. Den Spinat zugeben und die Suppe ca. 7 Min. weiterköcheln lassen, bis der Reis gar ist.

Mit Salz, Pfeffer und Muskatnuss abschmecken. Mit Parmesanhobeln bestreut servieren.

Hühner-Kürbis-Suppe
mit Reis

FÜR 6–8 PORTIONEN

Für die Brühe

1 Bio-Huhn à 1,5 kg

2 Zwiebeln, geviertelt

3 Möhren, in dicken Scheiben

2 Stangen Staudensellerie, in Scheiben

1 TL schwarze Pfefferkörner

Für die Einlage

2 EL Maiskeimöl

4 EL Butter

10 Kardamomkapseln, geöffnet

2 Stangen Lauch, in Ringen

700 g Hokkaido-Kürbis, entkernt und in Würfeln

300 g Basmatireis, 30 Min. eingeweicht und abgetropft

Abrieb von 1 Bio-Orange

500 ml Milch

Salz

frisch gemahlener schwarzer Pfeffer

Für die Brühe alle Zutaten in einen großen Topf geben, mit 1½ – 2 l Wasser bedecken und langsam aufkochen. Bei niedriger Hitze ca. 1 Std. köcheln lassen. Gelegentlich den entstehenden Schaum abschöpfen. Anschließend die Brühe durch ein feines Sieb abseihen. Das Gemüse entsorgen. Das Fleisch von den Knochen lösen, in Streifen schneiden und beiseitestellen.

Für die Einlage Öl und Butter in einem großen Topf erhitzen und den Kardamom darin anrösten. Lauch und Kürbis zugeben und unter Rühren 5 Min. andünsten, dann die Hitze reduzieren und das Gemüse zugedeckt ca. 5 Min. weitergaren. Die Hälfte der Brühe zugießen und bei geringer Hitze 15 Min. köcheln lassen.

Den Reis in einen zweiten Topf geben. Die restliche Brühe und den Orangenabrieb zugeben, aufkochen und den Reis in 10 Min. bissfest garen. Die Kardamomkapseln aus der Suppe entfernen und die Suppe pürieren. Die Milch, den Reis mitsamt Brühe sowie das Fleisch zugeben, alles erneut kurz aufkochen. Mit Salz und Pfeffer abschmecken und servieren.

Quinoa-Reis-Salat
mit Trauben und Gorgonzola

FÜR 4 PORTIONEN

Für den Salat
150 g schwarzer Venere-Reis
Salz
200 g Basmatireis
1 EL Olivenöl
1 Lorbeerblatt
50 g Quinoa
150 g Rotkohl, fein gehobelt
50 g Pinienkerne, geröstet
2 EL Kürbis- und Sonnenblumenkerne, geröstet
4 Frühlingszwiebeln, in Ringen
4 Stängel Thymian, Blättchen abgezupft
20 Trauben, halbiert
150 g Gorgonzola, in Stücken

Für das Dressing
Abrieb und 2 EL Saft von 1 Bio-Zitrone
5 EL Olivenöl
1 TL Ahornsirup
2 TL Dijon-Senf
Salz + frisch gemahlener schwarzer Pfeffer

Den schwarzen Reis mind. 2 Std. in Salzwasser einweichen. Abgießen und abspülen. In einen Topf geben, mit 250 ml Wasser bedecken, salzen und aufkochen. Zugedeckt bei niedriger Hitze in ca. 30 Min. bissfest garen (die Garzeit verringert sich, je länger der Reis eingeweicht wurde). Ggf. übriges Wasser abgießen.

Reis, Öl, Lorbeer und 300 ml Wasser in einen Topf geben, salzen und aufkochen. Abgedeckt bei niedriger Hitze ca. in 16 Min. garen. Vom Herd nehmen und 10 Min. quellen lassen, dann bei geöffnetem Deckel abkühlen lassen.

Quinoa waschen und in einem kleinen Topf nach Packungsanweisung bissfest garen. Ggf. übriges Wasser abgießen und abkühlen lassen.

Den Rotkohl in eine große Schüssel geben, kräftig salzen und mit den Händen ein wenig weich kneten. Alle Zutaten bis auf den Gorgonzola zugeben. Für das Dressing alle Zutaten gründlich verquirlen, über den Salat geben und alles behutsam vermengen. Mit Salz und Pfeffer abschmecken. Den Gorgonzola darauf verteilen.

Norimaki-Sushi

FÜR 24 STÜCK

Für den Reis
200 g japanischer Sushi-Reis
4 EL weißer Reisessig
1 EL Mirin
1 EL Zucker
1 TL Salz

Vegetarische Füllungen
z. B. Salatgurke, Möhre, eingelegter Daikon, Avocado, marinierter Tofu, Paprikaschote, Sprossen, Kräuter

Füllungen mit Fisch
z. B. frischer roher Thunfisch oder Lachs, Räucherlachs, Surimi

Außerdem
4 Noriblätter
2 EL Weißweinessig
Wasabipaste
eingelegter Ingwer
Sojasoße

Den Reis unter fließendem kaltem Wasser waschen, bis das Wasser klar bleibt. In ein Sieb geben und 1 Std. abtropfen lassen. Mit 260 ml Wasser in einem Topf aufkochen und zugedeckt 10 – 15 Min. köcheln lassen. Vom Herd nehmen und den Reis 10 Min. quellen lassen. Essig, Mirin, Zucker und Salz kurz aufkochen und über den Reis gießen. Mit einem Fächer abkühlen.

1 Noriblatt mit der glänzenden Seite nach unten auf eine Sushimatte legen. Den Essig mit 500 ml Wasser mischen und die Hände damit befeuchten (so lässt sich der Reis besser verarbeiten). 2 – 3 EL Sushireis auf dem Blatt verteilen, dabei rundherum 1 cm Rand lassen. Die gewünschte Füllung in feine Streifen schneiden und mittig auf den Reis legen. Das Noriblatt mithilfe der Matte anheben und aufrollen, sodass der Reis die Füllung in seiner Mitte umschließt und vom Blatt umhüllt wird. Die Rolle soll sich festigen, ohne dass der Reis gequetscht wird. Überstehendes Nori abschneiden. Die Rolle mit der Naht nach unten auf ein Schneidebrett legen und in 3 cm breite Stücke schneiden. Das restliche Sushi ebenso zubereiten. Mit Wasabipaste, Ingwer und Sojasoße servieren.

Dolmades

Gefüllte Weinblätter

FÜR 25 STÜCK

50 g Wildreis
Salz
200 g Weinblätter in Salzlake (ca. 30 Blätter)
7 EL Olivenöl + etwas für den Topf
1 Zwiebel, fein gehackt
150 g Langkornreis
2 EL Pinienkerne
2 EL Rosinen
je 3 Stängel Minze, Dill und glatte Petersilie, fein gehackt
1 TL gemahlener Zimt
frisch gemahlener schwarzer Pfeffer
2 EL Zitronensaft
500 ml Gemüsebrühe
1 Bio-Zitrone, in Spalten

Den Wildreis 30 Min. in kaltem Wasser einweichen. Dann abgießen, in einen kleinen Topf geben, mit frischem Wasser bedecken und salzen. Aufkochen und 30 Min. köcheln lassen, abgießen.

Die Weinblätter in eine Schüssel geben, mit warmem Wasser bedecken und 15 Min. darin einweichen, dann abgießen und abtropfen lassen. In die Schüssel zurücklegen und mit kaltem Wasser bedecken. Nach 10 Min. das Wasser abgießen und die Blätter trocken tupfen. Harte Stiele entfernen. Ca. 6 Blätter beiseitelegen.

In einem Topf 2 EL Öl erhitzen, die Zwiebel darin weich dünsten. Den Langkornreis zugeben und salzen. Umrühren, bis alle Reiskörner mit Öl überzogen sind, dann mit 150 ml kochendem Wasser bedecken. Aufkochen und bei niedriger Temperatur in 5 Min. garen. Vom Herd nehmen und ca. 15 Min. quellen lassen. Anschließend Wildreis, Pinienkerne, Rosinen, Kräuter und Zimt unterrühren. Mit Salz und Pfeffer abschmecken.

Ein Weinblatt mit den Adern nach unten auf der Arbeitsfläche ausbreiten. Je 1 gehäuften EL Füllung in die Mitte geben. Zunächst das Stielende des Blattes, dann beide Seiten über die Füllung schlagen und das Blatt zur Spitze hin fest aufrollen. Weitere 24 Blätter auf die gleiche Weise füllen.

Mit den beiseitegelegten Blättern einen leicht gefetteten, großen Topf auslegen. Mit 1 EL Öl beträufeln. Alle Röllchen dicht nebeneinander hineinlegen und das restliche Öl, den Zitronensaft und die Gemüsebrühe darübergießen. Die gefüllten Weinblätter mit einem Teller beschweren. Den Topf auf den Herd stellen, die Flüssigkeit aufkochen und zugedeckt bei geringer Hitze 40 Min. köcheln lassen. Anschließend die Dolmades mit einem Schaumlöffel herausheben und mit Zitronenspalten anrichten. Die gefüllten Weinblätter können kalt oder heiß serviert werden.

TIPP

Mit der Reismasse lässt sich auch Gemüse füllen, z.B. Auberginen, Zucchini, Paprika, Tomaten oder Pilze. Das Fruchtfleisch des Gemüses, das durch das Aushöhlen übrig ist, kann angebraten und zugegeben werden. Auch Feta passt sehr gut. Das gefüllte Gemüse in eine gefettete Auflaufform geben, ggf. mit Alufolie abdecken und bei 200 °C im Ofen ca. 20 Min. backen.

Sommerrollen
mit Erdnusssoße

FÜR 40 STÜCK

Für die Soße
1 EL Erdnussöl
2 Knoblauchzehen, fein gehackt
1 rote Chilischote, entkernt und fein gehackt
2 EL Erdnussbutter
1 TL brauner Zucker
125 ml Hoisin-Soße
1 EL Tamarindenkonzentrat (alternativ Limettensaft)

Für die Sommerrollen
200 g Tofu, in dicken Stiften
Abrieb und Saft von 1 Bio-Limette
1 TL Ahornsirup
1 EL Sojasoße
300 g dünne Reisnudeln (Vermicelli)
½ Bd. Minze, Blättchen abgezupft
½ Bd. Koriander, Blättchen abgezupft
1 Bd. Thai-Basilikum, Blättchen abgezupft
2 Frühlingszwiebeln, in schmalen Streifen
30 g Kokosflocken (frisch oder getrocknet)
1 Salatgurke, in Stiften
1 Möhre, in Stiften
1 Mango, fein gewürfelt
1 Avocado, fein gewürfelt
30 g Sprossen
ca. 10 Garnelen, geschält, gegart und grob gehackt
40 Reispapierblätter (ø 22 cm)

Für die Soße das Öl in einem kleinen Topf erhitzen. Knoblauch und Chili darin 2 Min. bei mittlerer Hitze anbraten. 125 ml Wasser, Erdnussbutter, Zucker, Hoisin-Soße und Tamarindenkonzentrat zugeben und unter Rühren aufkochen. Bei niedriger Hitze 2 Min. köcheln lassen. In einem Schälchen beiseitestellen.

Den Tofu mit Küchenpapier trocken tupfen. Limettenabrieb und -saft, Ahornsirup und Sojasoße mischen und den Tofu darin 30 Min. marinieren, zwischendurch wenden. Die Reisnudeln in eine Schüssel geben, mit kochendem Wasser vollständig bedecken und in 3 – 4 Min. gar ziehen lassen. Abgießen, mit kaltem Wasser abschrecken und gründlich abtropfen lassen. Beiseitestellen.

Die restlichen Zutaten bis auf die Reispapierblätter in separate Schälchen geben. Eine Schüssel mit lauwarmem Wasser bereitstellen. Ein Reispapierblatt darin 30 Sek. einweichen, dann sofort auf ein feuchtes Geschirrtuch legen und nach Belieben belegen, dabei einen Rand lassen. Die Seiten einschlagen, dann den Rest des Teiges fest aufrollen. Mit den übrigen Blättern und der restlichen Füllung ebenso verfahren. Die fertigen Sommerrollen mit der Naht nach unten auf eine Platte legen und bis zum Servieren mit einem feuchten Tuch bedecken.

Die Sommerrollen zusammen mit der Erdnusssoße servieren.

Persischer Juwelenreis

FÜR 6 PORTIONEN

80 g Sultaninen
80 g getrocknete Berberitzen
3 EL Butter
2 Schalotten, fein gehackt
1 Möhre, gerieben
Abrieb und Fruchtfleisch von 1 Bio-Orange
400 g Basmatireis
2 EL Orangenblütenwasser
1 TL gemahlener Zimt
je ½ TL gemahlener Kardamom, Kreuzkümmel und Kurkuma
Salz
frisch gemahlener schwarzer Pfeffer
1 TL zerriebene Rosenblätter
50 g Pistazien, geröstet
50 g Mandelstifte, geröstet
Kerne von 1 Granatapfel

Die Sultaninen und die Berberitzen nacheinander bei mittlerer Hitze in 1 EL Butter anbraten, herausnehmen und beiseitestellen. Schalotten und Möhre zusammen mit dem Orangenabrieb in derselben Pfanne andünsten, beiseitestellen. Das Orangenfruchtfleisch fein würfeln, ebenfalls beiseitestellen.

Den Reis unter fließendem kaltem Wasser abspülen, bis das Wasser klar bleibt. Anschließend abtropfen lassen. Mit 850 ml frischem Wasser, Orangenblütenwasser und der restlichen Butter in einen Topf geben und zum Kochen bringen. Die Temperatur reduzieren. Ein sauberes Küchentuch um den Deckel schlagen und damit den Topf verschließen. Bei niedriger Temperatur den Reis in ca. 15 Min. garen.

Mit Zimt, Kardamom, Kreuzkümmel, Kurkuma, Salz und Pfeffer würzen, vom Herd nehmen und den Reis zugedeckt weitere 5 – 10 Min. quellen lassen. Den Topf einige Sekunden in kaltes Wasser stellen und den Reis anschließend auf eine vorgewärmte Platte stürzen. Mit den vorbereiteten und übrigen Zutaten garnieren.

Reisnudeln

mit Chili, Brokkoli und Wasabi-Lachs

FÜR 4–6 PORTIONEN

200 g Brokkoli, in Röschen
Salz
1 Bio-Limette
2 EL Sonnenblumenöl
1 TL Wasabipaste
4 Lachsfilets à 175 g
250 g breite Reisnudeln
2½ EL Erdnussöl
300 g Frühlingszwiebeln, in schrägen Ringen
2 grüne Chilischoten, entkernt und in feinen Ringen
250 g Erbsen (TK)
1 EL Sesamöl
2 EL schwarze Sesamsamen
1 EL helle Sesamsamen, geröstet
2 EL Reisessig
½ Bd. Koriander, fein gehackt

Den Backofen auf 200 °C vorheizen. Den Brokkoli in sprudelnd kochendem Salzwasser 3 Min. blanchieren, abgießen, eiskalt abschrecken und abtropfen lassen. Die Limettenschale abreiben, die weiße Haut entfernen und das Fruchtfleisch in Spalten schneiden.

Das Öl mit der Wasabipaste verquirlen. Den Lachs damit bestreichen und auf ein mit Backpapier ausgelegtes Blech geben. In 10 – 12 Min. im Ofen garen, dann in Scheiben schneiden.

Die Reisnudeln nach Packungsanweisung garen (das dauert ca. 5 Min.), abgießen, kalt abschrecken und gut abtropfen lassen. Mit ½ EL Erdnussöl in einer Schüssel vermengen.

Einen Wok stark erhitzen. Das restliche Erdnussöl hineingießen, Frühlingszwiebeln und Chilis darin 2 – 3 Min. unter Rühren anbraten. Die Erbsen zufügen und in 30 Sek. erwärmen. Anschließend Nudeln, Brokkoli, Limettenabrieb, Sesamöl, schwarzen und hellen Sesam, Essig sowie die Hälfte des Korianders zugeben, salzen und alles gut vermengen. Auf vorgewärmte Teller verteilen und den Lachs darauf anrichten. Mit dem restlichen Koriander und den Limettenspalten garniert servieren.

Lamm-Biryani

FÜR 6–8 PORTIONEN

Für das Fleisch
5 Knoblauchzehen, fein gehackt
1 Stück Ingwer (4 cm), fein gehackt
2 TL Koriandersamen, zerstoßen
2 TL Kreuzkümmelsamen, zerstoßen
1 EL gemahlener Zimt
½ TL gemahlener Kardamom
½ TL gemahlene Kurkuma
5 Gewürznelken
1 grüne Chilischote, entkernt und fein gehackt
Abrieb und Saft von 1 Bio-Limette
½ Bd. Koriander, fein gehackt
5 Stängel Minze, fein gehackt
125 g Joghurt
900 g Lammfleisch (Schulter oder Keule), in 2,5 cm großen Würfeln
3 EL Ghee
2 Zwiebeln, in Ringen

Für den Reis
600 g Basmatireis
4 EL Ghee
2 Zwiebeln, fein gehackt
2 Knoblauchzehen, fein gehackt
½ TL Safranfäden, in 1 EL heißem Wasser eingeweicht
½ TL Garam Masala
½ TL gemahlener Kardamom
4 EL Rosinen
1 l heißer Lammfond (ersatzweise Hühnerbrühe)
2 TL Salz
50 g Pistazienkerne, geröstet
50 g blanchierte Mandeln, geröstet

Für das Fleisch Knoblauch, Ingwer, Gewürze, Chili, Limettenabrieb und -saft, Koriander, Minze und Joghurt vermischen. Das Fleisch hineingeben, alles gut vermengen und abgedeckt 2 Std. marinieren.

Den Reis 30 Min. in kaltem Wasser einweichen. Abgießen und gut abtropfen lassen. Ghee in einem Topf zerlassen, die Zwiebeln darin bei niedriger Temperatur in 8 Min. goldgelb dünsten. Den Knoblauch 1 Min. mitdünsten. Den Reis zugeben und unter Rühren 5 Min. anbraten. Safran, Garam Masala, Kardamom und Rosinen zugeben, Lammfond zugießen, salzen, aufkochen und bei niedriger Hitze abgedeckt in 16 Min. garen. Vom Herd nehmen und abkühlen lassen.

Für das Fleisch 2 EL Ghee in einer großen Pfanne zerlassen und die Zwiebeln darin 8 Min. braten. Das Fleisch mit der Marinade zugeben, 200 ml Wasser zugießen und alles zugedeckt ca. 40 Min. köcheln lassen.

Den Backofen rechtzeitig auf 160 °C vorheizen. Das Fleisch vom Herd nehmen. Das restliche Fett in einem Bräter zerlassen und die Hälfte des Reises darin verteilen. Die Hälfte des Fleisches daraufgeben. Den übrigen Reis und das übrige Fleisch ebenso einschichten, mit Reis abschließen. Für weitere 30 Min. zugedeckt in den Ofen stellen.

Das Biryani mit Pistazien und Mandeln garnieren und im Bräter servieren.

TIPP

Für hausgemachten Lammfond 1 Lammknochen (am besten zerstoßen) mit 2 Kardamomkapseln, 5 Pfefferkörnern, 1 TL Salz, 1 Zwiebel und 5 Gewürznelken in einen Topf geben, mit 1,5 l Wasser bedecken und 1–2 Std. sanft köcheln lassen. Durch ein Sieb seihen.

Gebratener Camargue-Reis
mit Frühlingsgemüse und Tofu

FÜR 4 PORTIONEN

400 g Camargue-Reis
Salz
400 g grünes Gemüse (z. B. Brokkoli, in Röschen, Zuckerschoten, Erbsen)
2 EL Kokosöl
100 g Cashewkerne
2 EL rote Currypaste
200 g Tofu, in Stäbchen
8 Frühlingszwiebeln, in schrägen Ringen
2 Eier, verquirlt
frisch gemahlener schwarzer Pfeffer
½ Bd. Koriander, Blättchen abgezupft
½ Bd. Thai-Basilikum, Blättchen abgezupft
2 Bio-Limetten, in Spalten

Den Reis mind. 1 Std. in Wasser einweichen. Abgießen und nach Packungsanweisung bissfest garen. Gut abkühlen lassen. (Man kann den Reis auch am Vortag garen.)

Das Gemüse in sprudelnd kochendem Salzwasser bissfest blanchieren. Abgießen und eiskalt abschrecken. Das Öl in einem Wok erhitzen und die Cashewkerne darin anrösten. Mit einem Schaumlöffel herausnehmen und auf Küchenpapier abtropfen lassen.

Die Currypaste 1 Min. im Öl erhitzen. Tofu zufügen und bei hoher Temperatur unter ständigem Rühren 4 Min. anbraten. Das Gemüse erhitzen, die Hälfte der Frühlingszwiebeln und die Cashewkerne unterrühren und 2 Min. erhitzen.

Den Reis mit einer Gabel gründlich auflockern und unter das Gemüse mischen. Alles an den Rand des Woks schieben und die Eier in die Mitte gießen. Mit Salz und Pfeffer würzen und unter Rühren stocken lassen. Alles miteinander vermengen und vom Herd nehmen. Die übrigen Frühlingszwiebeln, Koriander und Thai-Basilikum untermischen. Den gebratenen Reis auf Teller verteilen und mit Limettenspalten garniert servieren.

Pfifferling-Risotto

mit Thymian und Mascarpone

FÜR 4 PORTIONEN

1,5 l Gemüsebrühe
60 g getrocknete Steinpilze
3 EL Olivenöl
2 Schalotten, fein gehackt
2 Knoblauchzehen, fein gehackt
500 g Pfifferlinge
3 Stängel Thymian
300 g Risottoreis
200 ml trockener Weißwein
3 EL Mascarpone
2 EL frisch gepresster Zitronensaft
50 g Parmesan, frisch gerieben
2 EL glatte Petersilie, Blättchen fein gehackt
Salz
frisch gemahlener schwarzer Pfeffer
Trüffelöl nach Belieben

Die Gemüsebrühe mit den Steinpilzen in einen Topf geben und aufkochen. Die Temperatur reduzieren und die Brühe auf dem Herd warm halten. Das Öl in einem zweiten Topf erhitzen, Schalotten und Knoblauch darin unter Rühren in ca. 8 Min. weich dünsten. Pfifferlinge und Thymian zugeben und einige Min. mitgaren. Den Reis zufügen und glasig dünsten. Mit Wein ablöschen.

Wenn kaum noch Flüssigkeit zu sehen ist, die Brühe kellenweise zugeben, immer wieder rühren und vor jeder weiteren Zugabe warten, bis der Reis die Flüssigkeit absorbiert hat. Den Reis in ca. 18 Min. bissfest garen. Mascarpone unterrühren und das Risotto vom Herd nehmen, die Thymianstängel entfernen. Zitronensaft, 2 EL Parmesan und Petersilie untermengen.

Mit Salz und Pfeffer abschmecken und 1 Min. zugedeckt ruhen lassen. Nach Belieben mit Trüffelöl beträufeln und mit dem restlichen Parmesan servieren.

TIPP

Bleibt – wider Erwarten – etwas Risotto übrig, kann man am nächsten Tag 1 verquirltes Ei unter die Masse mischen, Bratlinge formen und diese in Öl ausbacken. Anschließend auf Küchenpapier abtropfen lassen.

Paella

mit Meeresfrüchten und Hähnchen

FÜR 4 PORTIONEN

4 Hähnchenkeulen, küchenfertig
6 EL Olivenöl
200 g kleine Kalmare, küchenfertig und in Stücken
18 mittelgroße Garnelen, küchenfertig
200 g grüne Bohnen, halbiert
2 Lorbeerblätter
300 g Paella-Reis (z. B. Calasparra)
1 l Hühnerbrühe
1 TL Safranfäden, in heißer Brühe eingeweicht
1 Knoblauchknolle
1 rote Paprikaschote, entkernt und in Streifen
150 g Erbsen (TK)
Salz
16 Venusmuscheln, gründlich gesäubert
1 große Tomate, enthäutet und in schmalen Spalten
1 Bio-Zitrone, in Spalten

Eine große Pfanne, am besten eine Paella-Pfanne, gut erhitzen. Die Hähnchenkeulen darin scharf in Öl anbraten, herausnehmen und beiseitestellen. Nacheinander Kalmare und Garnelen 1 Min. anbraten und herausnehmen. Die Temperatur reduzieren, dann Bohnen und Lorbeer anbraten. Den Reis zugeben und kurz mit anbraten. Die Hähnchenkeulen zurück in die Pfanne geben, die Hälfte der Brühe zugießen und aufkochen lassen, mit Safran würzen.

Die Knoblauchknolle in die Mitte der Pfanne setzen und alles weitere 15 Min. köcheln lassen. Gelegentlich umrühren und kellenweise Brühe zugießen. Vor jeder Zugabe warten, bis der Reis die Flüssigkeit aufgenommen hat.

Paprika und Erbsen unter den Reis mischen und weitere 10 Min. garen. Mit Salz abschmecken. Kalmare und Garnelen unterheben. Muscheln und Tomaten auf dem Reis verteilen. Die Pfanne mit einem Deckel oder Alufolie abdecken und die Paella bei niedriger Hitze 15 Min. weitergaren. Deckel oder Folie abnehmen und die Paella vor dem Servieren 5 Min. ausdampfen lassen. Mit Zitronenspalten garniert servieren.

Thailändischer Kokosreis
mit Mango

FÜR 4 PORTIONEN

- 300 g weißer Klebreis
- Abrieb von 1 Bio-Limette
- 50 ml frisch gepresster Limettensaft
- 2 TL + 80 g Zucker
- 2 reife Thai-Mangos, geschält und gewürfelt
- 400 ml Kokosmilch
- ½ TL Salz
- 1 TL schwarze Sesamsamen

Den Reis am besten über Nacht, mind. aber einige Stunden in lauwarmem Wasser einweichen. Anschließend in einem Sieb 30 Min. abtropfen lassen.

Limettenabrieb und -saft mit 2 TL Zucker in einem kleinen Topf vermengen. Bei mittlerer Temperatur aufkochen. In eine Schüssel gießen, die Mangos darin wenden und beiseitestellen.

In einem großen Topf 800 ml Wasser aufkochen. Den Reis zugeben und bei geringer Hitze in ca. 30 Min. garen, bis er weich und nicht mehr körnig ist. Dabei nicht umrühren. Anschließend den Reis in eine Schüssel geben und leicht abkühlen lassen. Die Kokosmilch in einem Topf unter stetigem Rühren aufkochen lassen, salzen, den restlichen Zucker unterrühren und vom Herd nehmen.

Die Hälfte der Kokosmilch unter den Reis mischen. Den Reis auf Schälchen verteilen, Mangos darübergeben und mit Sesamsamen bestreuen. Die übrige Kokosmilch in einem Kännchen zum Reis dazu reichen.

Milchreis brûlée

FÜR 6–8 PORTIONEN

1 Vanilleschote
200 g Milchreis
700 ml Milch
Abrieb von 1 Bio-Orange
1 Prise Salz
125 ml Sahne
100 g Rohrohrzucker
2 EL Butter
6–8 EL brauner Zucker

Die Vanilleschote längs halbieren, das Mark auskratzen. Beides zusammen mit dem Reis, der Milch und dem Orangenabrieb in einen Topf geben, salzen. Unter Rühren bei mittlerer Hitze aufkochen. Die Temperatur reduzieren und den Reis weitere 15 Min. köcheln lassen, bis er bissfest gegart ist. Dabei immer wieder umrühren. Die Sahne zugießen, den Zucker untermengen und den Reis langsam erhitzen, bis er eindickt. Die Vanilleschote entfernen und die Butter unterrühren. Den Reis vom Herd nehmen, in feuerfeste Förmchen füllen und mind. 2 Std. kalt stellen.

Den Backofengrill vorheizen. Den Milchreis mit einer dünnen Schicht braunem Zucker bedecken. Die Förmchen in einen großen Bräter stellen, der 2 cm hoch mit kaltem Wasser gefüllt ist. Den Milchreis im Ofen backen bis der Zucker karamellisiert. Alternativ kann dafür auch ein Bunsenbrenner verwendet werden. Vor dem Servieren etwas abkühlen lassen.

Orangen-Aprikosen-Reistörtchen

FÜR 8 TARTELETTES (Ø 12 CM)

Für den Teig
250 g Reismehl
60 g Maisstärke
50 g gemahlene Mandeln
1 Prise Salz
160 g kalte Butter, gewürfelt + etwas extra für die Förmchen
2 Eier
40 g Rohrohrzucker

Für den Belag
1 Vanilleschote
700 ml Milch
100 g Risottoreis
1 Prise Salz
80 g Rohrohrzucker
25 g Butter
Abrieb und 2 EL Saft von 2 Bio-Orangen
2 Eier, getrennt
8 Aprikosen, entkernt, in Spalten
2 EL Aprikosenmarmelade

Reismehl, Stärke, Mandeln und Salz in einer Schüssel mischen. Butter zugeben und mit den Fingern zu Krümeln verarbeiten. Eier hineinschlagen, zügig zu einem glatten Teig verkneten. In Frischhaltefolie gewickelt für 30 Min. kalt stellen.

Die Vanilleschote längs halbieren, das Mark auskratzen und beides mit der Milch und dem Reis in einen Topf geben. Salzen und unter Rühren aufkochen. Die Temperatur reduzieren und 15 Min. köcheln lassen. Zucker und Butter untermengen und unter Rühren cremig einkochen. Vom Herd nehmen, die Vanilleschote entfernen und den Orangenabrieb unterziehen. Abkühlen lassen.

Eigelbe mit dem Orangensaft verquirlen, mit dem Reis vermengen. Eiweiße steif schlagen, erst ⅓ des Eischnees, dann den Rest unter die Reismasse heben.

Den Backofen auf 200 °C vorheizen. Den Teig ausrollen und die gebutterten Förmchen damit auskleiden. Die Reismasse darauf verteilen. Mit Aprikosen belegen und im Ofen in 20 Min. goldgelb backen. Anschließend aus den Förmchen nehmen und auf einem Gitter abkühlen lassen. Die Marmelade kurz erwärmen und die Tartelettes damit bestreichen.

Rezeptübersicht